JN057078

食の感動覚え書き帖

世界を旅したナオミのとっておきレシピ

recipe

古東西

Naomi's A to Z

INDEX

Aries

Aries/牡羊座
3月生まれの私の星座は12星座の始まりのアリエス（牡羊座）。オスの羊なのです…。後ろを振り向かず、前進あるのみ。表裏がなくストレートで情熱的。どんな困難にも立ち向かう……勇敢な星といわれています。アテネから届いたバングルは、まさにギリシャ神話から抜け出してきた"金の毛皮を持つ羊"のような勇ましいフォルムです。

Aquamarine

Aquamarine/アクアマリン
誕生石のアクアマリン。人魚が海から「雫」を引き上げたばかり…。そんなデザインのブローチ兼ペンダントトップ。ジュエリーで好きなデザインは、シンプルまたはドラマチック、のいずれかを選びます。

Anklet

Anklet/アンクレット
19歳の時にアンクレットを足首に着けてから今日まで、外したのはたった一度、オペで入院したときのみ。アンクレットは人生のパートナーです。

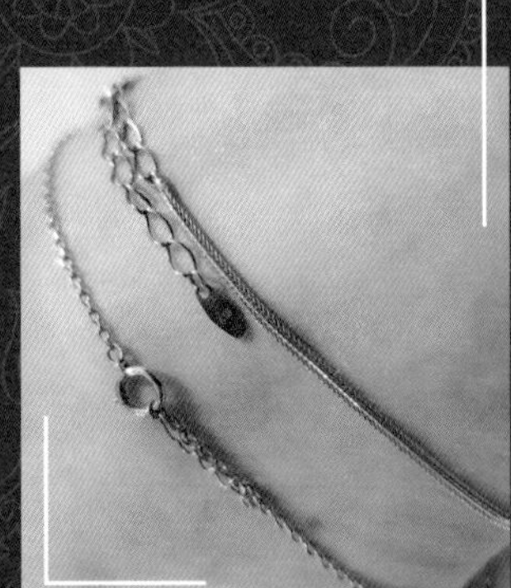

Batik

Batik/バティック
インドネシアを初めて訪れた30年前に、虜になってしまった「ろうけつ染め」。さまざまな文様と色遣いには奥深い意味がある。冒険旅に発つ時は、必ず2枚をトランクに詰め込んで、シーツやストール、スカート代わりに使用する。時には間仕切りにもなる便利な布。

Book shelf

Book shelf /本棚
一度読んで手放す1冊。何度も読み返す1冊。永久保存の1冊。本は人生の善き友。

Grilled lamb exotic style

仔羊のエキゾチックグリル

材料　4人分

A:

ラムもも肉 ………… 600~700g
ジャガイモ ………… 小2個
玉ネギ ………… 1個
ニンジン ………… 1/2個

B:漬け込みタレ

ニンニク ………… 3片
コリアンダー（粗みじん切り） ………… 大3
クミンパウダー ………… 小さじ1
パプリカパウダー ………… 小さじ1
サフラン ………… 小さじ1/2
ハチミツ ………… 大さじ1
トマトペースト ………… 大さじ2
オリーブオイル ………… 大さじ4
塩 ………… 適量

C:

プチトマト ………… 10個ぐらい
ひよこ豆 ………… 200g
レーズン ………… 200g
シナモンスティック ………… 2本
白ワイン ………… 15cc
胡椒 ………… 少々
ザクロ（あれば） ………… 少々材料

作り方

1. Aの野菜をざく切りにし、ラムもも肉と一緒にBのタレに一晩漬け込む。
2. フライパンに漬け込んだラム肉を入れ、軽く火を通す。
3. 白ワインを入れ、Cの材料をすべて入れる。
4. フライパンごとオーブンへ移し、肉に火が通ったら皿に盛る。
5. ザクロを散らすように飾る。

C

Chopsticks

Chopsticks/箸

クリストフルからプラスチック製まで、中国の食堂のコップに無造作に放り込まれているカラフルな箸。景徳鎮の磁器箸やヴェトナムの細工入り木製箸、バリ島で見つけたシルバー925の箸はバティック箱に入っていた。とりわけ韓国のステンレス箸は重宝していて、我が家の無国籍料理のおもてなしには、フォーク&ナイフと共に並びます。

Coral

Coral/珊瑚
祖母がかんざしを2つに割って指輪に仕立てた。
母が若い頃、叔母と1つずつ譲り受け、さらに私、
そして姪へと受け継いでいる。
実家の近所のおばあさまから頂いた珊瑚のかんざし。
中央にダイヤのピアスを埋め込んで指輪にリフォーム。

Diamond

Diamond/ダイヤモンド

ダイヤモンドの鑑定書なんかいらない。自分の価値でダイヤを選びたい。
ダイヤにプラチナって誰が決めたの?アンティークやインドのダイヤモンドは
銀製の枠で囲まれていても余裕すら感じるのに。
シャンパンダイヤルースにピンクゴールドで昔ながらの立爪枠を作ってもらった。
宝飾店の人は驚いていたけれど、柔軟な発想が大切。
薬指の大きな指輪は36歳の時、若き頃のプチリングを全て溶かし、私がデザインして作ったもの。プラチナリングはこれだけだけど40gはちょっと重すぎる。

Couscous

クスクス

材料 4人分

ドライクスクス ………… 2~3カップ

作り方

1. 大きめの皿にクスクスを入れ、クスクスの約2倍の水を数回に分けて加えながらよくほぐす。
2. 2段式クスクス鍋の上段鍋に1をセットして10分間蒸す。
3. 火を止めて2のクスクスを大皿に移し、オリーブオイル、塩、水（すべて適量。様子を見ながら調整）を加えて、パラパラになるまでよくほぐす。
4. クスクスを皿に移し、仔羊のエキゾチックグリルを適量盛り付ける。

Enamel Pot

Enamel Pot/中国七宝焼（景泰藍）
美しい中国七宝が施された鍋。15年前に渡航した北京で火鍋と出合い、その足で向かった書店で購入した本の中に「七宝鍋」がありました。一目惚れから10年後にようやく手に入れることができました。

Eau de toilette

Eau de toilette/オードトワレ
毎朝、歯磨きをしながら今日の香りを決めます。若い頃からムスクやバニラなど、麝香系の香りが好き。現役落ちしたボトルはトイレに置いて、コットンに香りを移して、ほのかに香るように。また空き瓶は一輪挿しの花器として使います。

ナイフを入れると黄身が溢れ出すので、
おもてなし時の
サプライズオードブルに!
盛り付けも楽しい一品です。

Easter poached egg jelly

イースターのポーチドエッグゼリー

材料 人数分ご用意ください

ポーチドエッグ	1人1つ
生ハム	適量(容器がかぶるくらい)
コンソメ液	300ccに5gのゼラチン
塩コショウ	適宜

作り方

1. ゼリー型を水で濡らして生ハムを貼り付ける。
2. ポーチドエッグをそっと入れる。
3. コンソメ液を注ぐ。
4. 冷蔵庫で冷やし固める。
5. お皿に盛り付ける。
6. お好みのソースやドレッシングでいただく。

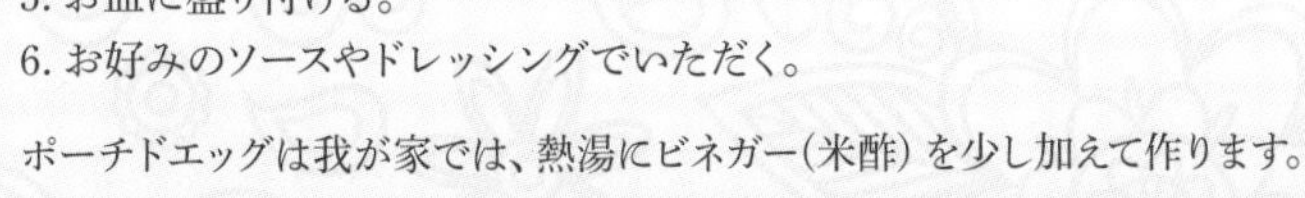

ポーチドエッグは我が家では、熱湯にビネガー(米酢)を少し加えて作ります。

F

Fur

Fur/毛皮

厚着が苦手なので真冬でもセーター1枚で暖かなコートを羽織りたい。ファーは普段着としてカジュアルに着てこそのものだと思うのです。
1970年代の終わりに母が定期購読していた「ミセス」のモデルの稲葉賀恵氏が、真っ白なTシャツにリーバイス、足元はコンバース、
そしてフォックスのロングファーコートを羽織っていたあの衝撃!その後に欧州で見かける女性たちの姿でした。
寒い国を訪れる時、ファーは必須アイテムです。

G

Glasses

Glasses/眼鏡
二十歳の時から近眼で、それを良いことに眼鏡がどんどん増えました。サングラスもすべて度付きレンズに替えてあります。CHANELはマトラッセが特に好き。

Gown

Gown/ガウン
中国、アラブ、フランス……、旅先で素敵なガウンを見つけると部屋着にしています。成田空港のお店に並ぶキモノガウンも同じく。姪が子どもの頃着ていた、お点前用の着物も重宝しています。

動画では金目鯛を使いましたが,スズキやカサゴの白身魚、
サバなどの青魚でも美味しい。もちろん切り身でも!
ダイナミックかつ簡単な1品。
夏のベランダでワインを飲みながら頂きたいですね。

Acqua pazza

アクアパッツァ

材料 4人分

金目鯛 ……… 一尾
生トマト ……… 中2~3個
イタリアンパセリ ……… 適宜
白ワイン&水 ……… 同量

※我が家は味付けも兼ねて自家製レモンコンフィ(塩レモン)を使用しています。
味が薄い場合はコンソメ等の調味料で調整してください。

作り方

1. 金目鯛は内臓を取り除き、軽く塩をする。
2. 鍋(フライパン)にオリーブオイルを熱して潰したニンニクとカットしたトマトを入れる。
3. 金目鯛を2の鍋(フライパン)にそっと入れて、レモンコンフィ、同量の白ワインと水、パセリを加えたら煮込む。

Herb

Herb/ハーブ
キッチン仕事が終わると、指でハーブを揉んでニオイ取り。モロッコのミントティーは緑茶とフレッシュミントを煮出し、お砂糖をたっぷり入れて夏の暑さを乗り切ります。庭で野生化したローズマリーの枝を串の代わりに肉に刺してＢＢＱ。ハーブは余すところなく使い切ります。

Flower open sandwich

フラワーオープンサンドイッチ

材料　1人分

サンドイッチ用薄切りパン	2枚
スモークサーモン	1枚
ケッパー(酢漬け)	2粒
ウズラの固ゆで卵	1個
茹でたビーツ又は水煮ビーツ	少々
エディブルフラワー	適量
イタリアンパセリ	適量

作り方

1. パンをセルクルでくり抜く。
2. クリームチーズ&マヨネーズ&マスタードを塗る (3:2:1) 。
3. パン2枚で2を挟む。
4. 盛り付け上になる表面に再び2を塗る。
5. スモークサーモンを丸めてバラをかたどり、お好みで盛り付ける。

POINT　おもてなし時に喜ばれます。

応用編　季節の食材でバリエーションが広がります。

Arabian rose jelly

アラブの薔薇ゼリー

材料　4人分

ローズウォーター（市販のものでOK）	300cc
砂糖	大さじ1/2
ゼラチン	5g

作り方

1. 80℃に温めたローズウォーターに砂糖を溶かしたらゼラチンを入れ、ガラスの器にそそぐ。冷蔵庫で冷やす（約1時間で固まる）。
2. 食べるときにローズウォーターをかける。

Interior

Interior/インテリア
エントランスの天井は赤。パウダールーム&トイレはグリーン×ゴールド。
ベッドルームはブルーの壁に鳥を飛ばして…。狭い空間こそ大胆に!
毎日暮らす家に"無難"はいらない。壁紙は白と決めなくて良いと思うのです。
それはレースのカーテンしかり。大きな窓には黒いレースのカーテンを選んで、
眩しい光を遮るばかりか、レース越しに庭の緑や花の色がとても美しく映えるのです。
この家を購入した時、すでに頭の中に構想が完成していました。畳部屋、漆喰の壁、欄間を取り払い、
2部屋をつなげて約30畳のリビングダイニングに。
施工会社の方が「これ以上柱を取ったら、建物がつぶれるよ」というギリギリまで。

Jerk chicken

ジャークチキン

材料　4人分

鶏モモ肉	4枚
玉ねぎ（すりおろし）	大さじ3
にんにく（すりおろし）	大さじ2
生姜（すりおろし）	大さじ1
塩	小さじ1
黒胡椒	小さじ1
砂糖	小さじ1.5
サラダ油	大さじ1.5
クミン	小さじ1.5
シナモン	小さじ1.5
ナツメグ	小さじ1.5
チリペッパー	小さじ1.5（または唐辛子をお好みで）
コリアンダー（刻み）	大さじ2（私はたっぷり入れます）
ライムの搾り汁	1個

作り方

1. 材料をすべて混ぜて鶏肉を揉み込み、一晩漬け込む。
2. フライパンまたはオーブンで、チキンの皮にこんがりと焼き目が着くように仕上げる。

POINT

砂糖でコクを加えて辛味を引き立てます。
辛味はお好みで調整してください。

翡翠の麺棒は、そのヒンヤリ感がたまらないのです。

Jade

Jade/翡翠

中国を旅するようになってから、翡翠に様々な色があることと、人と翡翠との結びつきが強いことを知りました。男性の首にはペンダント、女性は赤ちゃんからお年寄りまで手首に翡翠のバングルをして、お守りとして日常的に使っています。私も大切な人には健康のお守りとして翡翠を贈りたい。

Century egg tofu

ピータン豆腐

材料　4人分

木綿豆腐 …… 1丁
刻みザーサイ …… 適量
パクチー、刻みネギ …… 適量
ラー油 …… 味をみながら適量

作り方

1. 豆腐は水気をよく切っておく。
2. ザーサイ、パクチー、刻みネギ、ラー油を混ぜておく。
3. 器に盛った豆腐に彩りよく2を盛りつける。

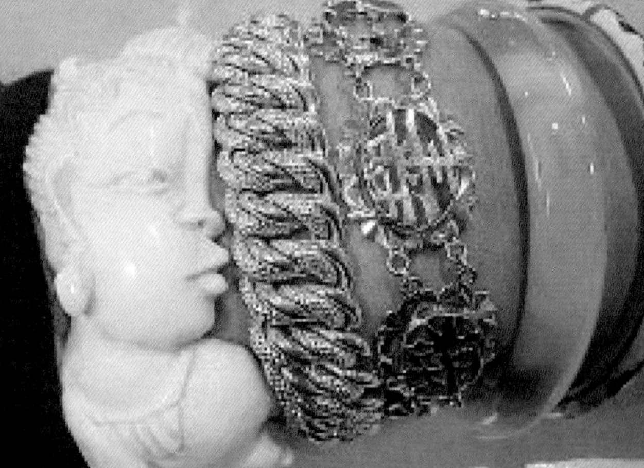

KORO

KORO Medal

KORO Medal/コロメダル

保護した愛犬が病気にかかっているとわかった時、残された日々の想い出をジュエリーに託そうと宝石店でゴールドメダルに愛犬の姿をレザー転写した。
20年前、当時はこれが最高の技術でした。…大切なお守り。

2

Le Creuset

Le Creuset/ル・クルーゼ鍋
丈夫な鋳物鍋は、色やフォルムも様々。25年前に妹から贈られ、使い始めました。煮物はもちろん、オーブンにも使える優れもの。14cmから35cmまで、用途に分けて愛用しています。

Layered

Layered/手首に重ね付け
好きなものを好きなだけ重ねる。昔、職場の階段を上がっていくときに、ブレスレットが触れ合うカチャカチャという音で私と認識された。また、学校帰りの姪が言っていたのは、玄関の向こうからカチャカチャ音が近づいてきてドアが開くんだよと…。
レイヤードが奏でる音の記憶。

Nudie chicken

ヌーディーチキン

材料 4人分

丸鶏 ………………………………………… 1羽（なければ鶏もも肉1kg）
ニョックマム ………………………………………………… 大さじ1~2

作り方

1. 丸鶏をよく洗い、水気を拭き取る
2. ニョックマムを肉にすり込んで、冷蔵庫で3時間~一晩置く。
3. 蒸し器（またはタジン鍋）に2の鶏を入れ、パクチーの根と生姜を置いて蒸しあげる（丸鶏なら40~60分）。
4. 蒸しあがったら鶏を食べやすい大きさに切り、盛りつける。
   塩&ライム、スイートチリソース、ごま油&塩、オイスターソース&ごま油など、いろいろなつけダレでいただく。

Maharaja Style Ring

Maharaja Style Ring/マハラジャスタイルリング
インドのジュエリーはどの角度から見ても美しく妖艶。いぶし銀のアンティークジュエリーを彷彿とさせるホワイト台座に納まるルビー、エメラルド、サファイア、そしてダイヤが静謐に輝きをたたえている。

Nyonya

Nyonya/ニョニャ（プラナカン）
世界にはさまざまな融合文化があるけれど、マレー女性と中華系男性が結婚し、その子孫によって築き上げられたのがニョニャ文化。その美しく豊かな文化は衣食住の多岐にわたり、女性たちの手仕事の上に成り立っていました。
90年前の古いお皿は、レプリカのバングルと比べると風合いが全く違うのです。
下に敷いたタイルはプラナカン建築の家を壊した際に売りに出されたという貴重なものです。

Chinese New Year's red and white dumplings

春節の紅白餃子

材料 2人分

強力粉	100g
薄力粉	60g
水	90cc
着色料	必要な場合
豚挽肉	200g
ニラ（みじん切り）	100g
ネギ（みじん切り）	50g
生姜（すりおろし）	適量
ニンニク（すりおろし又はみじん切り）	3片位
塩&胡椒	適量
中華旨味調味料	適量
ごま油	適量※

作り方

1. 粉と水をボールの中でこねて丸め、ラップをかけて冷蔵庫で2~3時間寝かせる。
2. 日本の餃子と同じように餡作りをし、最後にごま油（又は※）を小さじ1加える。
3. 寝かせてあった1を、粉を引いたまな板の上で棒状に丸めて、人数分に切る。
4. 綿棒で丸く伸ばして形成して2の餡を包む。
5. 熱湯にごま油（または※&八角と花山椒）を少し加えて餃子を茹で、浮いてきたら5秒ほど待ってお玉などですくい取る。
6. 黒酢やお醤油、ごま油等のお好み調味料でいただく。

※動画ではサラダオイルに八角や花山椒を漬け込んだ中華風味オイルを使っています

POINT
モチモチ&プリプリの皮の中に中華風味の餡がぎっしり詰まった餃子には黒酢がよく合います。茹でたてを口に運べるように、テーブルにお鍋をスタンバイして餃子パーティーもいいですね!チャイニーズビールやチャイニーズワインも傍らにお忘れなく!

応用編
豚挽肉を羊挽肉に代えて、クミンをたっぷり混ぜ込んで作ればモンゴル風の餃子ができます。

Old-fashioned Item

Old-fashioned Item/オールドファッションドアイテム
クロコバッグは父の友人がメキシコから来日した時のお土産。
長い間、母が愛用していましたが、今はリペアを重ねて私が使っています。

昭和30年代、婚約指輪はオパールが人気だったとか。私の母も父に連れられて新宿の百貨店の宝飾店へ行き、オパールの指輪を贈られた。私に譲られてからは、リフォームも考えたけれど、そのまま着けています。

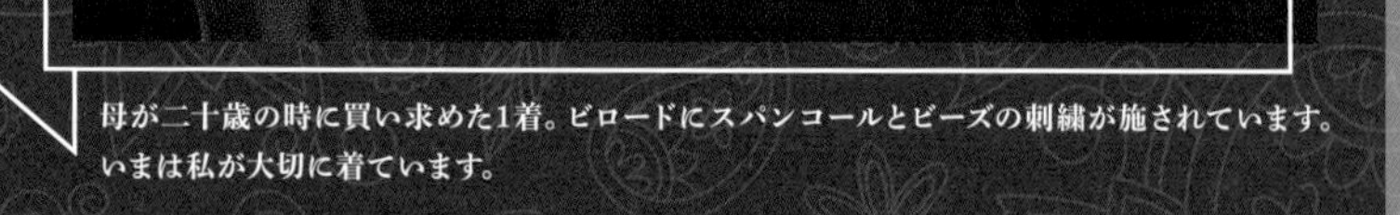

母が二十歳の時に買い求めた1着。ビロードにスパンコールとビーズの刺繍が施されています。いまは私が大切に着ています。

Butterfly pea tea

蝶豆花茶（バタフライピーティー）

材料　2人分

ドライバタフライピー ……… 1~2つまみ
熱湯 ……… 300cc

作り方

1. ティーポットにドライバタフライピーを入れて熱湯を注ぐ。
2. 氷を入れたグラスに一気に注ぎ、レモンやライムをひと搾り。

※お好みでガムシロップを加えてください。

POINT

青の成分はアントシアニン。青から紫色に変わる瞬間が神秘的です。ゲストの目の前で演出を!
ブルーベリーや赤ワインでお馴染みの抗酸化物質が眼精疲労や肝機能の改善や肌や髪を美しくする効果があるので、
アンチエイジングティーとして愛飲されています。東南アジアではお菓子の着色料としても使われており、
美しいブルーに染められた糯米菓子が道路脇の露店やスィーツ店に並んでいます。

Passport

Passport/パスポート

80年代にはUSAビザのスタンプ。当時はハワイ渡航にもビザが必要だった時代。
発行してもらうため米国大使館まで出向きました。
日本のパスポートを所有していると、ほぼどこの国でも問題ないのですが、
この顔立ちなので時々ストップをかけられます。

Post Card

Post Card/ポストカード
ネットがない時代の愉しみは、旅先から友人が送ってくるポストカード。私は日記代わりにせっせと書いて日本へ送っていました。ポストカートや切手選びも懐かしい思い出です。

Pigeon blood Ruby

Pigeon blood ruby/ピジョンブラッドルビー
白鳩の血色のビルマルビー?どうしても欲しい!
…ヤンゴンの宝飾店の扉の向こうにそれはありました。
"ビルマスタイル"の指輪枠に鳩の血が飛び散ったかのようなデザインといえます。

Quatre-quarts

quatre-quarts　キャトルキャール
1/4×4。こんなに簡単なレシピがあるでしょうか。コーンフラワーを使って焼いた
キャトルキャール（パウンドケーキ）。庭で摘んだアボカドの葉とローズマリーでおめかし。
父からもらったグアテマラ土産のリキュールカップにクリームを入れて。

Recipe Book

Recipe Book/レシピ帳
数冊のレシピ帳は30年以上前のもの。旅先でおいしい食事に出合うと、
紙ナプキンやカレンダーの裏、街頭でもらったポケットティッシュに入っているチラシの
裏まで使ってレシピをメモしていました。

我が家はオーブンに納まる大きさの
ベビーターキー（2.5~3kg）を
使っています。
内臓も美味なので一緒に焼きます。
ネック（首）部位は
取り合いになるほどの美味しさ!

Roast turkey

ローストターキー

材料　4人分

- 七面鳥 ……… 1羽
- サラダオイル ……… 適量
- 塩コショウ ……… 適量

作り方

1. 七面鳥をよく洗ってから塩水に1晩漬けておく。
2. 1の水気を切って、塩&胡椒をしてから
   サラダオイルをまんべんなく塗ってオーブンへ。
3. 時々、様子を見ながら油を塗る。
4. 2kgの七面鳥の場合、200℃で1.5時間焼き、余熱で仕上げる。

POINT

焼き時間を短縮すると、生焼けになるので注意して。

Ship Trunk Silver Cutlery

Ship Trunk&Silver Cutlery
船舶トランクとシルバー カトラリー

若き父と共に米国からたくさんの想い出を詰め込んで横浜港に帰国したトランクは、私の家で大切なインテリアとして活躍しています。
父が米国滞在中に旅行したメキシコで手に入れたカトラリー。銀製で素晴らしい彫刻が施されています。普段使いすることで、その輝きを失うことはありません。
トランクもカトラリーもともに父から受け継いだ大切なものです。

Spinach curry

ほうれん草カレー

材料　2人分

玉ねぎ	3個
にんにく	6片
生姜	適30g
ほうれん草	1束
水煮トマト	150g

スパイス　（全て合わせて小さじ1）

ターメリック・コリアンダー・シナモン・ガラムマサラ
カイエンヌペッパー・クミン・塩・胡椒

作り方

1. 鍋に油を熱して、みじん切りにした玉ねぎとニンニクを炒める。
2. 茹でてピューレにしたほうれん草を加える。
3. 再びスパイスを加えて調整する。
（動画ではほうれん草を加える前にスパイスを追加しています）

POINT

サフランで炊いたお米やナンと一緒にいただく。
黄金色のサフランライスと、翠色のほうれん草カレーのコントラストが美しい。

T

Turquoise

Turquoise/ターコイズ

9歳の時に初めて手にしたジュエリーは、父のトルコ土産のターコイズリング。1974年8月8日の日記には、羽田空港へ父を迎えに行き、指輪を受け取ったそのときの興奮を書き記しています。その後もナバホ族のインディアンジュエリーのお土産など、ターコイズブルーの興奮が止まらない大人へと成長していったのです。

「コマドリの卵色」と言われるロビンズエッグブルーを知ったのは25歳の時。エキゾチックな金の枠に鎮座するイラン産のターコイズ。さらにアジア圏で出合ったターコイズは湿気を帯びたような独特の質感があります。

産地によって異なる色、枠のデザインや素材…、
さまざまな顔を持つ「青い魔物」に誘惑され続けています。

Umbrella

Umbrella/アンブレラ
美術館のスーベニアショップで傘を選べば、雨の日は頭上に芸術が咲く。
美しい緑色の折りたたみ傘は、今では廃番となったクリスチャンディオール
香水「TENDRE POISON」を買ったときにノベルティで付いてきたもの。

Vacuum Coffee Makers

Vacuum Coffee Makers/サイフォンコーヒー
幼い頃の記憶は、家じゅうに漂うコーヒーの香り。バキュームサイフォンの燃料となるアルコールを買うため、
印鑑を持って薬局へ出かけた時代。コーヒーを飲むことは一大事だったのです。
1969年の写真にはサイフォンコーヒーが写り込んでいます。

W

Watch

Watch/腕時計
腕時計はかつて必需品であり、憧れであった大切な物。
母のおさがりのアンティークやデッドストックのもの…。
金無垢ロレックスは純正のクロコベルトを外して、昭和の喜平ネックレスを時計ベルトにリフォームしたセルフカスタム。

Wine cork

Wine cork/ワインコルク
お祝いの乾杯。さよならの乾杯。いつもの乾杯…。
たくさんの思い出をコルクに替えて、想い出をつなぎ、
お金では買えない素晴らしいオブジェになりました。

X

西アフリカのカチュラ焼き「プレゼピオ」。カチュラの工房で買い求めて、遠い日本まで持ち帰りました。

X'mas

X'mas/クリスマス

子どもの頃からクリスマスの飾りつけはワクワクします。
現在は220cmの大きなツリーに旅先で見つけたオーナメントを飾っています。
自分へのお土産にテーマを決めると、それを買い足していく愉しみが広がります。

Young

若き日の私　25歳

Zodiac

Zodiac/干支
ヘビのモチーフのジュエリーが昔から大好き。慎重に物事を進めるといわれる巳年生まれですが、あとさき考えずに突き進む牡羊座を併せると時々混乱するのはそのせい?少しでも混乱を回避すべく、ヘビと羊を手首に重ねています。

HERMÈS
EAU D'ORANGE VERTE

日々是官能

旅先での記憶をたどり、
料理動画をはじめようと日々是官能プロジェクトを立ち上げたのは2018年7月のこと。
季節の空気感を大切に、月１回の撮影 & 動画アップを行ってきました。
リズミカルに刻む包丁とまな板のハーモニー。
高温に熱した油が音を立てて波打つ神秘的な瞬間…。
料理は官能的な作業でもあるのです。

#1

クスクス　ディアボロ・マント

・クスクス
・ディアボロ・マント

#2

鶏粥　キュウリの冷菜

・鶏粥
・キュウリの油ジュー

#3

アップルパイと思い出

・オートミール
・サイフォンコーヒー
・アップルパイ

#4

After Party

・ローストポーク　はつみつ&マスタードソース
・ベイクドポテト　サワークリーム添え
・マスカルポーネとバケットのテリーヌ
・フランス産赤ワイン　ライトボディ

#5

春節

・紅白餃子
・ココナッツプリン

#6

桃の節句

・オープンサンドイッチ
・ビーツポタージュ

#7

イースター

・レモングラスチキン
・米粉クレープ
・バッチャン焼

#8

レックスホテル

・レモングラスチキン
・米粉クレープ
・バッチャン焼

#9

南仏の初夏

・牛肉と野菜のブロシェット
・ニース風サラダ
・オランジーナゼリー

#10

七夕　夕涼み

- ・クスクス
- ・ディアボロ・マント
- ・蝶豆花茶(バタフライピーティー)

#11

ワイルドサマー

- ・ジャークチキン　・ライス ピース
- ・ラスタカラー　・ゼリー
- ・ラムコーク

#12

AQUA　BLUE　水の世界へ

- ・アクアパッツァ　・クスクス
- ・ブルスケッタ　・アフォガート
- ・カンパリオレンジ

#13

Parties go on　パーティーは続く

- ・ローストポーク　はつみつ&マスタードソース
- ・ベイクドポテト　サワークリーム添え
- ・マスカルポーネとバケットのテリーヌ
- ・フランス産赤ワイン　ライトボディ

#14

Heartwarming Thanksgiving Day 感謝祭のおもてなし

- ・ローストターキー　・パンプキンムースグラタン
- ・ホットアップルサイダー　・ミントゼリー

#15

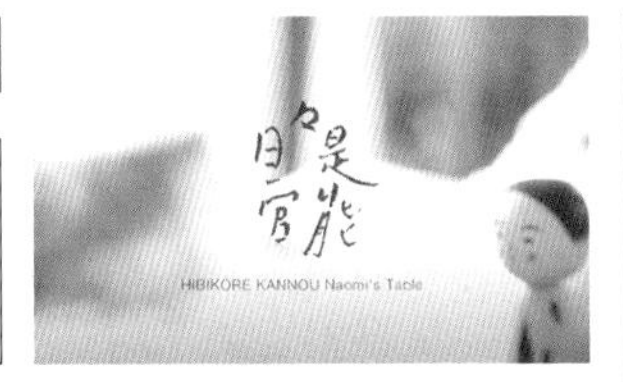

東北キュイジーヌ

- ・はっと汁　・くるみごはん
- ・ずんだ白玉
- ・スパークリング日本酒

#16

冬のインドカレー

- ・ほうれん草カレー　・タンドリーチキン
- ・サフランライス
- ・インドのスパークリングワイン

#17

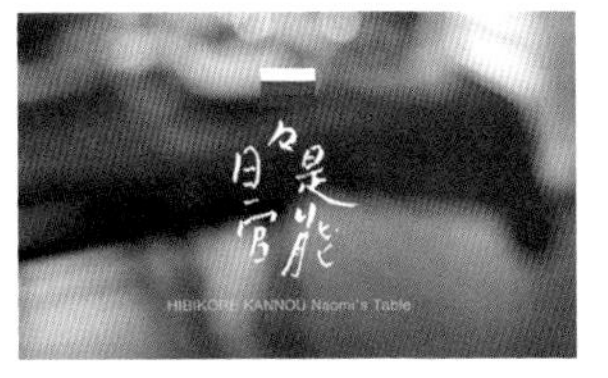

極寒の地 ウラジオストクに思いを馳せて

- ・ボルシチ
- ・チキンのサワークリーム煮
- ・リンゴのケーキ　ロシア風　・ロシア
- ・スパークリングワイン

#18

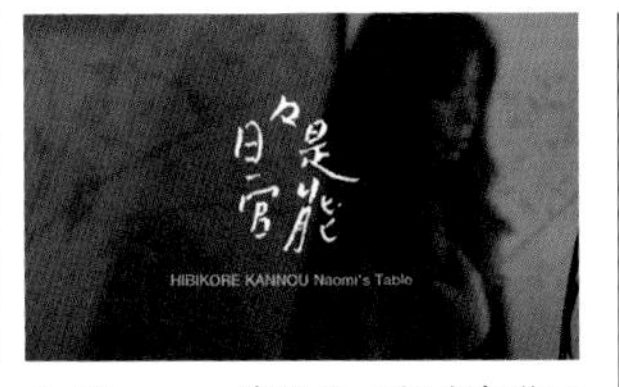

Spring Purple Heaven　春はパープルな気分で

- ・シュークルート・ガルニ　・パープルマッシュポテト
- ・紫玉ネギと紫キャベツのグリルサラダ
- ・パープルポテト レアチーズタルト
- ・バイオレットフィズ

#19

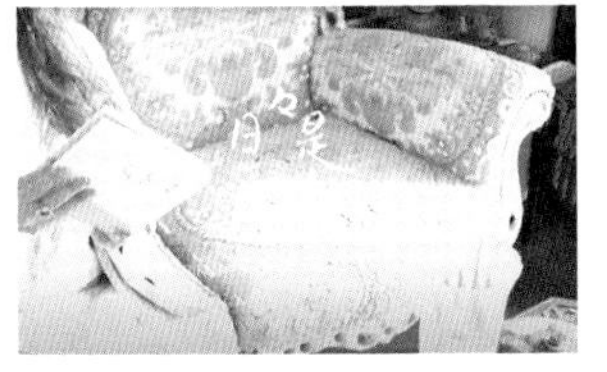

Spring thunder　Soy Groove !

- ・中華湯葉の野菜巻き　・湯葉の爆油
- ・中華湯葉の腐乂炒め
- ・テンペ揚げ　・ソイラテ
- ・丹波黒豆の酒　楼蘭

穂谷野奈緒美

料理研究家

異文化に出合うために旅した国は35カ国余り。
とりわけ「食」に関しては好奇心が止まらず、厨房に入らせてもらうことも度々。
旅先から持ち帰った「あれこれ」を、衣食住すべてに反映させて楽しむ日々を送っている。
第12回　家庭画報「夢のある美しい暮らし」大賞受賞

Instagram

食

宝飾

旅

古今東西　食の感動　覚え書き帖
世界を旅したナオミのとっておきレシピ

発行日	2021年2月7日
著者	穂谷野奈緒美
発行者	日々是官能プロジェクト
発売元	静岡新聞社
	〒422-8033 静岡市駿河区登呂3-1-1
電話	054-284-1666
デザイン	株式会社エー・エム・ティー
編集	金子真弓
装丁	河島秀美
印刷・製本	三松堂

ISBN978-4-7838-8018-9 C0077